En liten glimt
från mitt hjärta

En diktsamling av

Marie Munther

Förlag: BoD – Books on Demand, Stockholm, Sverige
Tryck: BoD – Books on Demand, Norderstedt, Tyskland
ISBN: 978-91-8027-971-0

Innehåll

3

Innehåll

Förord

Detta är min andra diktsamling. Den första boken heter "Känslor i natten" och kom ut 2010. I denna bok återkommer ett antal dikter från min gamla bok. Men det mesta materialet är helt nytt. Jag skriver mycket om kärlek, orättvisor, mina känslor, tankar och upplevelser ur verkliga livet. Mycket i denna bok är självupplevt. Att skriva är ett viktigt verktyg för mig och har även fungerat som ett stort hjälpmedel. Jag har alltid älskat att skriva och varit bra på att sätta ord på vad jag tycker och tänker och känner. Förutom att jag skriver poesi, skriver jag även blogg och brev. Jag har också skrivit en självbiografi. Den heter "Mitt liv som unik" och handlar om mitt liv. Jag använder mig av flera olika tekniker när jag skriver poesi. Hoppas du kommer att gilla mina dikter och mitt sätt att skriva poesi på.

Att få skriva

Jag måste få skriva
Skriva en massa ord
Långa ord
Korta ord
Snälla ord
Fula ord
Fina ord
Konstiga ord
Ord
Ord
Ord som finns inom mig

Orden väller ur mig
Väller ner på papperet
I dagboken
I blocket
På datorn

När jag skriver
Glöder min penna
Glöder mitt papper
Glöder mina fingrar

Jag bara skriver
Å, skriver
Å, skriver
Jag vill skriva
Jag måste skriva
Jag får skriva

Att skriva hjälper till
Att skriva har blivit ett hjälpmedel
Att skriva är mitt sätt att uttrycka mig på
Mitt sätt att förmedla mina åsikter
Mitt sätt att förmedla vad jag tycker

Mitt sätt att förmedla vad jag tänker
Mitt sätt att förmedla vad jag känner
Men det är också mitt sätt att skydda mig på
Jag är rädd
Jag är blyg
Jag är feg
Jag är löjlig

Det har blivit en skyddsmekanism
Mot sådant som är jobbigt
Mot sådant som är svårt
Mot sådant som är tungt
Mot sådant som gör ont
Jag måste skriva
Jag vill skriva
Jag får skriva
Att skriva hjälper till

Jag skriver
Nu skriver jag det
Det magiska ordet
Ordet heter skriva
Skriva
Skriva

Att skriva

Nu skriver jag igen
Å, igen
Å, igen
Å, igen

Jag kan skriva
Jag vill skriva
Jag måste skriva
Jag får skriva
Skriva
Skriva
Skriva
Skriva vad jag tycker
Skriva vad jag tänker
Skriva vad jag känner

Det måste få komma ut
Rakt ut bara
Ut
Ut
Ut
Ut från mitt huvud
Ut från min hjärna
Ut från mitt hjärta
Ut från min kropp
Ut från min själ
Allt måste få komma ut

Alla mina tankar
Alla mina funderingar
Alla mina frågor

Allt det som bara maler
Maler
Maler
och maler inom mig

Alla mina tårar
All min ilska
All min rädsla
All min kärlek
All min sorg
All min glädje
All min lycka
Alla mina känslor
Allt på en gång
Allt måste få komma ut
Komma ut ur min egen ventil
Ventilen heter skriva
Skriva, Skriva

Att släppa en bok

Att sätta sig ner i lugn och ro
och skriva en bok i godan tro.
Är inte något som är särskilt lätt
hur skriver man en bok på enklast sätt?
Vad ska jag skriva om undrar du först?
Det vet du om du följer ditt hjärtas inre röst.

Nästa steg blir att ta reda på vad boken ska heta.
Om du börjar längst inne i din hjärna att leta,
så kommer du tids nog detta få veta.
Sedan fortsätter du att skriva en massa ord.
Kanske kommer det handla om ett mord,
eller om något annat som hänt på vår jord.

Du fortsätter att skriva ner det som hjärnan matar ut,
ända tills du kapar det med ett finurligt slut.
Boken är nu klar och du är nöjd med det du gjort,
så du skickar in den till ett förlag raskt och fort.
De gillar din story och boken går direkt i tryck,
plötsligt har du en publicerad bok i ett hastigt ryck.
Utan att du hunnit fatta hur detta gått till
så har du släppt en bok precis som du vill.

Blicken

Du sitter mitt emot mig
Du tittar på mig
Jag tittar tillbaka
Du ler emot mig
Jag ser vad du tänker
Jag ler tillbaka

Corona

Corona din lilla skit
Våga inte komma hit

Vad är det du av oss begär?
Ingen vill ha dig här

Enorma krafter du har
Eftersom du stannar kvar

Du våra liv tar och förstör
Människor blir sjuka och dör

Vi kan inte hantera mer
Försvinn nu jag ber

Ingen orkar leva med dej
Så vi säger tack och hej

Vi tänker inte vara dig till lags
Så kom aldrig mer tillbaks

Ingen här kommer dig sakna
När vi ur mardrömmen får vakna

Då kommer ingen att minnas
Corona kommer aldrig mer finnas

Daglig verksamhet

Daglig verksamhet
Vad är det?
En plats att komma till
Göra det jag vill
Här kan jag vara kreativ
Ge olika material ett liv
Jag skapar gärna med min hand
Det jag skapar blir ett litet band
Med snälla coacher som stöd
Hittar jag min egen kämparglöd
Varje dag lär jag mig något nytt
Här kommer det att bli bra
Hit vill jag komma varje dag

Det gör så ont

Det värker i mitt hjärta
Mina tårar rinner
Det finns en klump i min mage
Jag är orolig
Jag är rädd
Vill inte att mamma ska dö
Vill inte förlora henne
Hon har alltid funnits där
Nästan alltid i alla fall
Snart finns hon inte där för mig
Mamma försvinner mer och mer
Mer för varje dag
Jag är rädd
Det gör så ont
Hur ska jag klara mig i livet utan henne?
När mamma dör
Då dör även jag
En bit av mig försvinner
Kommer aldrig mer tillbaka
Jag vill inte dö
Jag vill finnas kvar i livet
Vara lycklig
Bli älskad
Klara mig själv
Men jag vill inte bli ensam
Ensam kvar
Vill inte bli lämnad
Av den jag älskar mest
Livet är så grymt
Jag blir så arg
Det är inte rättvist
Varför måste det göra så ont?
Mitt hjärta blöder

Det känns så konstigt

Jag vill gråta
Det gör ont
Det känns tungt
Jag saknar
Längtar och längtar
Jag vet inte vad jag vill
Känns så konstigt
Så bakvänt liksom

Något är fel
Väldigt fel
Jag tänker för mycket
Får ont i magen
Mår illa
Jag fryser
Börjar skaka
Kan inte vara still

Jag är nog orolig
eller bara nervös
Känner mig förvirrad
Förstår ingenting
Vill inte vara ensam
Jag är frustrerad
Vad är det som händer?
Jag kanske är sjuk
Nu ska jag dö
Det är slut
Är så rädd
Jag vill inte se
Orkar inte mer
Det är mörkt

Jag kämpar
Det är jobbigt
Det kanske går
Om jag försöker
Lite till bara
Måste fortsätta
Inte ge upp

Helt plötsligt
Nu är allt bra
Det är lugnt
Finns fortfarande kvar
Jag lever
Är frisk
Nu är det över
Det var PMS

Det är så tungt

Det är så tungt
Det är så himla tungt

Det är så tungt att leva
Det är så tungt att vara jag
Det är så tungt en vanlig dag
Det är så tungt hela veckan
Det är så tungt just idag

Det är så tungt
Det är så himla tungt

Det är så tungt att vakna
Det är så tungt att kliva upp
Det är så tungt att äta
Det är så tungt att vara hemma
Det är så tungt att åka bort
Det är så tungt att göra ingenting
Det är så tungt att klä av sig
Det är så tungt att lägga sig
Det är så tungt att somna

Det är så tungt
Det är så himla tungt

Det är så tungt att se
Det är så tungt att höra
Det är så tungt att känna
Det är så tungt att veta
Det är så tungt att leva
Det är så tungt att vara jag

Det är så tungt
Livet är så himla tungt

En dotters förlust

Att förlora sin mamma
Går inte att förstå
Om man inte själv
Gått igenom det
Det går inte att känna
Den stora sorgen
Den eviga ensamheten
Den enorma förtvivlan
Den hårda maktlösheten
Den svåra smärtan
Den väldiga tomheten
Den oändliga längtan
Den smärtsamma saknaden

Så många känslor
Som alltid finns där
Som aldrig försvinner
Man går för alltid
Med ett öppet sår
Aldrig slutar det
Svida och skava
Göra så ont
I ditt sköra hjärta
Oavsett hur gammal du blir
Är din mamma
Alltid din mamma
Glöm aldrig bort
Att du är för alltid
Din mammas lilla flicka

Minnet av din mamma
Är allt du har kvar
Det bär du med dig
I ditt hjärtat för evigt
Men ingen kan förstå

Att det inte alltid räcker
När det smärtar
Längst in i själen
När hjärtat blöder
Då saknaden blir för stor

Vad gör du då?
Vart tar du vägen?
Tårarna börjar rinna
Mamma jag önskar så
Att du kunde komma tillbaka

En fyrbent vän

En vän med päls och fyra ben,
så mjuk, go och len.

Du i mitt hjärta alltid finns kvar,
precis som den trogna vän du var.

Jag älskade dig min ögonsten,
min vän på fyra ben.

Du bekräftade mig varje dag,
din matte var verkligen jag.

Du och jag hade ett särskilt band,
kände jag när du la tassen i min hand.

Du ska veta att saknaden efter dig är stor,
nu jag helt ensam här bor.

Tänker på dig hela tiden,
medan jag kämpar mot den smärtsamma striden.

Jag kommer aldrig kunna glömma dig,
jag bär dig kärleksfullt inom mig.

En kvinnas förebild i samhället

Vad är en kvinnas förebild i samhället?

Vad får en kvinna:

att känna sig stolt över att hon är kvinna
att kämpa för sin rätt i samhället
att känna ett ansvar
att fatta rätt beslut
att våga öppna sig
att känna att hon duger
att känna sig modig
att känna styrkan
att våga ge och ta
Vad får en kvinna att orka leva vidare

Vad får en kvinna?

att försöka ta sig ur ett drogmissbruk
att tänka till efter första slaget
att leva i stället för att svälta sig
att vara försiktig
att passa sig för att bli våldtagen
att söka efter hjälp
att vilja hjälpa andra kvinnor
Vad får en kvinna att må riktigt, riktigt bra

Vad får en kvinna?

att känna självförtroende
att känna respekt
att känna trygghet
att känna värme
att känna sig älskad
att börja tro och hoppas
att känna sig unik

21

att känna sig värdefull
Vad får en kvinna att älska sig själv
Vem är kvinnornas förebild i samhället

En liten tanke om livet

Glädjen virvlar runt mitt hjärta
När solen lyser upp min väg
Det doftar så gott om träden
Vinden blåser inspirerande
Jag börjar nästan rysa
När regnet sakta faller
Varför denna plötsliga smärta?

En mamma

Att bli mamma...

Är stort
Är fint
Är roligt
Är speciellt
Är overkligt
Är helt fantastiskt

att bli mamma...

Är läskigt
Är ovant
Är nytt
Är konstigt
Är ofattbart
Är en stor omställning

Mamma blir du inte...

För att du har en partner
För att du har sex
För att du blir gravid
För att du föder ett barn
Krävs så otroligt mycket mer

Mamma blir du...

När du är helt redo
När du kan uppfostra
När du är rättvis
När du kan ta ansvar
När du kan lyssna
När du kan vägleda
När du kan älska
När du tänker med hjärtat

Mamma är du...

När du är öppen och fördomsfri
När du sätter barnet i första hand
När du kan skilja på rätt och fel
När du kan stötta och peppa
När du kan finnas till hands
När du senare kan släppa taget

Att bli mamma...

Är svårt
Är tungt
Är jobbigt
Är dyrt
Är stressigt
Är ensamt
Är en extrem utmaning

Att bli mamma...

Är inget man bara blir
Det måste man lära sig att vara

En man är inte som en kvinna

Ingen man i världen kan göra en kvinna,
lyckligare och gladare som en annan kvinna.

Ingen man i världen kan ge en kvinna,
mer kärlek och värme som en annan kvinna.

Ingen man i världen kan ge en kvinna,
mer trygghet och lugn som en annan kvinna.

Ingen man i världen kan bli lika mjuk,
och len som en annan kvinna.

Ingen man i världen kan bli lika vacker,
som en annan kvinna.

Ingen man i världen kan få lika fina former,
som en annan kvinna.

Ingen man i världen kan förstå en kvinna,
på samma sätt som en annan kvinna.

Ingen man i världen kan älska en kvinna,
på samma sätt som en annan kvinna.

Ingen man i världen kan jämföras med en,
annan kvinna.

För det är bara en kvinna som vet hur en annan kvinna
vill ha det.

En park i Stockholm

En sval, blåsig vårdag sitter jag i en park i Stockholm. Det är närmare bestämt tisdag och solen har precis gått i moln. Plötsligt blev det lite kyligt, men det doftar friskt. Jag sitter kvar en stund och ser mig omkring. Jag lyssnar, doftar, tittar och känner.

Först hör jag ett svagt brummande ljud från en elrullstol som kommer åkande förbi mig. Bakom knastrar det i gruset av någons fotsteg. Folk går fram och tillbaka överallt med påsar eller väskor i händerna. Någon pratar i sin mobil, medan andra skjuter en barnvagn framför sig eller är ute och går med sin hund. Det är små hundar och stora hundar som ivrigt lufsar före sina ägare. En hund stannar en stund och uträttar sina behov. Folk trampar fram på sina cyklar, vissa har bråttom, andra tar det ganska lugnt.

Längre bort ser jag en lekpark, barn leker, klättrar och skriker. Gneket från ivriga gungor hörs svagt och det är sandlådor överallt. Bänkar, papperskorgar, soptunnor, en massa nakna träd och dystra lyktstolpar sprider ut sig lite här och var. Precis intill mig där jag sitter finns en liten damm som blänker svagt. Några änder vilar sig mellan några stenar. Fåglar kvittrar glada vårsånger, gräset börjar bli grönt och det är knoppar i träden.

Långt borta hör jag ljudet av bilar. En polisbil eller är det en ambulans, kanske en brandbil tutar hysteriskt. En buss smyger sakta förbi en ensam busskur och en stinkande sopbil blåser förbi med en väldig fart.

Runt omkring ser jag hus, många hus i alla former och färger, med fönster, dörrar och balkonger. Även bilar i färgglada nyanser står parkerade på sina ställen. En tyst trappa sträcker sig ner mellan en grå, trist mur och ett stenhårt berg. Någon står längre bort och sågar. En parkskötare lyser starkt med sina orangea kläder.

Tänk vad mycket det är som hela tiden händer runt omkring en, det är så mycket att jag inte ens hinner med att fånga upp allt, men detta är lite vad som hände under de ca 15 minuterna jag sitter i en park i Stockholm. Oj! Nu är jag för kall om händerna för att jag fortfarande ska kunna skriva läslig. Dessutom blev jag just distraherad av tiden, så jag packar ihop mina saker och återvänder till skolan.

Frihet

Vad är frihet för någonting?

Frihet är...

att kunna vara mig själv
utan att skämmas

att få tycka och tänka som jag vill
utan att någon lägger sig i

att få bestämma över
mig själv och mitt liv

att upptäcka nya saker
hos mig själv som jag inte
redan visste om

att få känna
att jag duger
precis som jag är

att få vara
oberoende
av pengar

att få känna mig
älskad och att få
älska tillbaka

att klara av
saker på egen hand

att ha ett
betydelsefullt jobb
som jag klarar av

att få äta
mig mätt varje dag

att ha tak över huvudet
och en säng att sova i

att få känna mig duktig

att göra något bra

att be om förlåtelse
och att förlåta

att sprida kärlek
värme och ljus till andra

att få trösta någon som
verkligen behöver det

att kunna hjälpa till
när det behövs

Frihet kan också vara

att bli bekräftad
att bli uppskattad
att bli respekterad
att få beröm
att få en kram
att få skratta
att känna lycka
att känna glädje
att vara kär

Frihet kan vara så himla mycket

För mig är frihet också
att vara vid havet
att få resa och
upptäcka nya platser

att få vara bland djur

att få vara i naturen

att få umgås med
min familj och vänner

att få se en bra musikal
eller en rolig teater

att få se en spännande
film på tv eller bio

att få kela med min katt
när hon kommer frivilligt
och lägger sig bredvid

att sitta runt en lägereld
och sjunga sånger

att lyssna på lugn
och skön musik

att sitta i en stuga
vid en öppen spis
med en kopp te
och läsa en bra bok

att få skapa något fint
med mina händer

att få skriva
mina egna ord
och att du just nu
lyssnar till dem

Frihet är att få finnas
just här och nu

Frihet är helt enkelt
att kunna leva livet!

Från arbetslös till meningslös!

En gång var jag bara arbetslös.
När jag blev utförsäkrad,
gick jag över till att bli meningslös.
Detta gjorde mig värdelös,
eftersom jag var så försvarslös.
I samma veva blev jag också moderlös,
vilket blockerade mig så att jag blev
känslolös.

Hur kan våra myndigheter vara så samvetslös?
Man är ganska ansvarslös, när man gör en
funktionshindrad människa helt pengalös,
ja nästan rent av bostadslös.

Detta gör mig så himla chanslös,
att samhället idag bara är laglös,
ja helt och hållet förslagslös.
Regeringen är så håglös att de
klarar bara av att vara mållös.

Därför har jag gått från att bara vara
arbetslös till att också bli meningslös.

Fröet

Du planterade ett litet frö i mig
Det lilla fröet börjar sakta att gro
Plötsligt en dag tittar en liten, liten planta fram
Du hjälper mig att sköta den lilla plantan
Plantan växer lite grann för varje dag
Men plantan är ganska svårskött
Vi måste jobba hårt med plantan
Den blir större och starkare
Allt eftersom tiden går
Snart har plantan vuxit färdigt
Då är det dags för dig att lämna plantan ifred
För det är ingen planta längre
Den har blivit en stor grön växt
Som står i full blom
Nu är det min uppgift
Att hålla den stora gröna växten vid liv
Att sköta den på egen hand

Förnedrad av samhället

Har funktionshinder
Är arbetslös
Får inga jobb
Uppfyller inte arbetsmarknadens krav
Står till arbetsmarknadens förfogande
Får ingen daglig verksamhet
Får inga pengar
Har för mycket arbetsförmåga
Får lov att gå hemma
Leva på min sambo
Göra ingenting
Aldrig mer ha egna pengar
Aldrig mer vara självständig
Aldrig mer få vara delaktig
Får ingen hjälp
Får inget jobb
Får inte ens bidrag
Blivit övergiven
Är förnedrad
Känner mig omyndig
Skäms för vårt samhälle
Hur kan det gå så långt?

Vart är Sverige på väg?

Havet

Jag sitter på en sten vid havet
Hör hur vågorna brusar
Solen värmer min bleka hud
En ensam båt gungar där ute
Vattnet är så kallt
Vinden rufsar till mitt hår
Medan jag sakta går längst stranden
så tänker jag

Det här är livet

Hjärtat

Mitt hjärta slår hårt för ett annat hjärta
mitt hjärta skulle vilja möta detta hjärta
Hjärnan säger att det är jättefel
För det andra hjärtat vill inte möta mitt
Det känner inte samma sak
Det vill inte ha mitt hjärta

Mitt hjärta är redan upptaget
Hjärnan håller verkligen med
Det finns redan ett hjärta som älskar mitt
De hjärtat är dåligt på att visa det
Men de hjärtat vill inte förlora mitt
Mitt hjärta vill så gärna möta ett annat

Hyperaktiv i hjärnan

När nattens mörker sakta tränger på
och tankarna gör lika så.

Undrar jag ofta hur detta ska gå,
om jag någon nattsömn kommer få?

I sängen går jag igenom dagens läxa.
har något hänt som fått mig att växa?

Ligger där och känner kudden mot min kind,
utanför fönstret hör jag årstidens kraftiga vind.

Varför går hjärnan på högvarv,
när jag ligger här inlindad som en larv.

I morgon är en annan dag vill jag lova,
varför kan jag inte sova?

Nu måste jag avsluta nattens tankar,
som ihärdigt står vid hjärnans dörr och bankar.

Men inte förrän de bankat sig tillräckligt trött,
då kan jag sluta mina ögon och somna sött.

Kanske får jag då drömma,
om just det där som jag inte har,
och på morgonen när jag vaknar,
får jag veta vad det var.

Denna tanke får mig alltid att le,
så jag säger nu godnatt,
för imorgon har jag ännu mer att ge.

Jag passar inte in

Jag passar inte in
Jag är konstig
Jag är rak
Jag är ärlig
Jag sticker ut
Jag är annorlunda

Jag passar inte in
Inte här
Inte där
Inte nu
Inte sedan
Inte någonstans

Jag passar inte in
Jag är udda
Jag är impulsiv
Jag är rätt fram
Jag är inte som andra
Jag är mig själv

Jag passar inte in
Jag hörs
Jag syns
Jag märks
Jag finns
Jag är jag

Jag passar inte in
Jag lyssnar
Jag anstränger mig
Jag letar
Jag provar
Jag försöker

Jag passar inte in
Det blir bara fel
Jag förstår ingenting
Vad är rätt?
Vad är fel?
Jag är bara den jag blev

Jag passar inte in
Jag är inte felfri
Jag gör mina misstag
Jag är inte perfekt
Jag har mina brister
Jag gör mina fel
Jag är mänsklig

Jag duger
Jag kan
Jag vet
Jag förstår
Jag är bra
Jag är duktig

Jag passar inte in
Jag har behov
Jag vill vara delaktig
Vara en i mängden
Få respekt
Bli accepterad
Få vara uppskattad
Få känna att jag passar in

Jag

Kort kvinna
49 år
Glasögon
ADD
AUTISM
Språkstörning
Väger för mycket
Bor i Stockholm
Sjukpensionerad
EDS
Hypotyreos
Hashimotos
Migrän
Astma

Är en
varm
snäll
hjälpsam
kärleksfull
omtänksam
människa
som bryr sig
om andra

Är rak
ärlig
uppriktig
säger vad
jag tycker
och tänker
Det uppskattas inte.

Uppfattas ofta som
kritisk
dömande
anklagande
ifrågasättande
tillrättavisande
pikande och
otrevlig

Folk tror på allvar
att jag är ett nättroll
Jag förstår inte varför?
De känner inte mig
De vet inte vem jag är
Hur jag fungerar
eller ser på saker
De vet inte hur jag tänker
eller vad jag tycker

De vet inte hur jag uttrycker
och formulerar mig
De vet ingenting
om någonting

Folk har ingen aning om
vad jag gått igenom
eller hur jag lever

Folk anar
antar
förutsätter
att jag är en idiot
att jag är knäpp
är blåst
är dum i huvudet
eller är en idiot

I stället för att fråga
Hur det är
eller ligger till

Det är ganska lätt
att bara fråga mig
Varför gjorde du så?
Varför sa du det?
Vad menar du nu?

Jag är bara mig själv
precis så som jag är
Jag är inte perfekt
Inte heller felfri
Jag har mina brister
Jag är annorlunda
Jag är speciell
Jag är unik
Men jag är inte dum
Jag har bara otur
när jag tänker
Jag är en människa

Kramkompis

En ledsen och orolig själ du är
mycket oro och bekymmer du bär

Då är det skönt att en vän få krama
när bekymren i bröstet börjar strama

Du kan alltid komma till mig
när du behöver någon som håller om dig

Det är skönt att en kramkompis ha
när dagen inte varit så bra

Känslor i natten

Det är natt.
Jag kan inte sova
Tankarna bara maler inom mig
SLUTA
Det vill inte sluta
Vad är det som håller på att hända?
Jag vill inte! Inte en gång till
Det orkar jag bara inte med
Varför kan det inte
Kännas rätt någon gång?
Känslor går inte att styra
Jag gör det så jobbigt för mig
Blir så himla maktlös över mig själv
Men jag kan inte rå för det
Vad ska jag göra?
Det måste bli ett stopp på det här
Det får bara inte hända igen
Det får inte hända igen

Kärlekens onda sida

Jag gråter efter dig
Känner mig så ensam
Jag tänker på dig
Vill känna din värme
Men det är så kallt
Det gör så ont
Du är så långt bort
Jag längtar efter dig
Vill möta din blick
Krama dig hårt
Känna din goda doft
Höra din mjuka röst
Som viskar så tyst
Att du älskar mig

Önskar att jag kunde
Visa vad jag känner
Bevisa min stora kärlek
Men når aldrig fram
Du känner ingenting
Mitt hjärta ropar så
Men du ser inte
Den jag försöker visa
Att jag verkligen är
Ditt hjärta vill inte
Möta mitt på vägen
Men viskar så tyst
Att jag älskar dig

Vi är så olika
Känner inte dig
Vem är du egentligen
Som jag älskar så

Att hjärtat går sönder
Det kommer alltid
Vara en evig gåta
Ändå vill jag ha
Dig i mitt liv
Jag behöver dig
Håller fast dig hårt
Det är en dröm
Som aldrig blir verklighet

Livet

Livet är som ett ljus
Att hitta sitt ljus
Är inte särskilt svårt
Men att försöka tända ljuset
Kan vara ett rent helvete
Antingen når man inte fram
eller så slocknar det hela tiden
När du klarar att tända ljuset
Kan livet gå vidare
Det är ganska så svårt
Att försöka hålla ljuset tänt
Men ändå lite lättare
Än att försöka tända det

Längtan

Min längtan efter er blev så stor
När jag flyttade hem till min mor
Hos er var jag så trygg och säker
Det dröjer innan såret i mig läker
Mitt hem och mina vänner
De finns ju kvar på landet
Det är svårt att klippa av bandet
Men livet går vidare ändå
Jag på egna ben måste stå

Mamma

Det värker i mitt hjärta
Mina tårar rinner
Det finns en klump i min mage
Det gör så ont
Det är så svårt
Mamma du är borta nu
Jag vill inte att du ska vara borta
Du har alltid funnits där
Nästan alltid i alla fall
Nu finns du inte här för mig längre
Mamma du är borta för alltid
Det blir tyngre för varje dag
Jag är rädd
Det gör så ont
Jag vill att du ska komma tillbaka
Hur ska jag klara mig i livet utan dig mamma?
Nu när du är död mamma
Så har en bit av mig också dött
En bit av mig är borta
Som aldrig mer kommer tillbaka
Jag vill inte dö
Jag vill finnas kvar i livet
Vara lycklig
Bli älskad
Klara mig själv
Men jag vill inte vara ensam
Inte ensam kvar
Jag vill inte bli lämnad
Speciellt inte av dig mamma
Den jag älskar allra mest
Livet är så grymt
Jag blir så arg
Det är inte rättvist
Varför måste det göra så ont?
Varför måste du dö mamma?

Min saknad efter dig är så stor
Mitt hjärta värker
Mina tårar rinner
Det gör så ont
Det är så tungt
Jag behöver dig mamma
Jag älskar dig
Mest i hela världen
Snälla mamma
Jag vill att du kommer tillbaka

Meningen med livet!

Varför ska jag fortsätta försöka när kroppen säger ifrån?
Varför ska jag bita ihop, när det gör ont?
Varför ska jag hålla fint i mitt hem,
när aldrig någon kommer på besök?
Varför ska jag ge mig in i saker jag inte klarar av?
Varför ska jag bry mig när ingen tar mig på allvar?
Varför ska jag kämpa när inget känns kul?
Varför ska jag fortsätta försöka, när allt bara blir fel?
Varför ska jag vara ärlig, när folk bara missförstår?
Varför ska jag finnas, när ingen ser mig?
Varför ska jag älska och sprida min kärlek,
när ingen älskar mig tillbaka?
Vad är mening med livet, när ingen vill veta av mig?
Vad är det för mening med någonting överhuvudtaget?

Mer än min diagnos

Jag är inte bara min diagnos
Jag kan så mycket mer
Jag är praktiskt lagd
Jag är kreativ
Jag är händig
Jag är duktig
Jag är klok
Jag har talang
Jag kan skriva
Jag är glad
Jag har humor
Jag är omtänksam
Jag har mina egenskaper

Jag vill så mycket
Jag klarar det mesta
Jag är inte dum
Jag är inte korkad
Jag är inte obegåvad
Jag försöker bara förstå
Måste fråga igen och igen
Jag behöver lära mig saker
Det tar bara lite längre tid

Jag är så mycket mer än bara min diagnos

Min livskamrat

Jag har funnit min livskamrat
Det är du
Min allra bästa vän
Det är också du
Du finns alltid där
Du ställer jämt upp
Du hjälper alltid till
Du står ut med mig
Du lyssnar på mig
Du förstår mig
Du tröstar mig
Du överraskar mig
Du älskar mig för den jag är

Tack för att du alltid finns
Tack för att du alltid lyssnar
Tack för att du alltid förstår
Tack för allt du gör
Tack för att just du blev min
Tack för att du är du
Jag älskar dig mest i världen
Du betyder allt för mig
Utan dig är jag ingenting
Du och jag förevigt

Min vilja

Jag vill dela mina tankar med dig
Jag vill dela mina värderingar med dig
Jag vill dela mina upplevelser med dig
Jag vill dela min vardag med dig
Jag vill bråka och bli sams igen med dig

Jag vill dela mina tårar med dig
Jag vill dela mitt skratt med dig
Jag vill dela min sorg med dig
Jag vill dela min glädje med dig

Jag vill ge min kärlek till dig
Jag vill kramas med dig
Jag vill kyssas med dig
Jag vill bli älskad av dig
Jag vill göra dig lycklig
Jag vill ha dig i mitt liv för evigt

Mina små skor

Att försöka leva
I vårt samhälle
Där man aldrig
Kommer passa in
Det går inte
Att försöka beskriva
Hur det faktiskt är
Att vara jag
Att vara annorlunda
Sticka ut i mängden
Det är så svårt
Det gör ont
Det är jobbigt
Det är krävande
Det tar energi
Att tvingas kämpa
Måste försvara mig
Behöva förklara
För att folk på mig
Inte ska titta ner
Få lite förståelse
För den jag är
Hur jag fungerar
Varför jag gör
Si eller så
För mitt synsätt
Hur jag tänker
När jag inte
Klarar att förstå
Komma ut
Med mina diagnoser
Jag önskar så
Att folk kunde förstå
Att vissa saker
Som är självklara

För många andra
Inte alltid
Är självklart för mig
Med en stor risk
Att framstå
Som en idiot
Så säger jag så här
Jag är inte som alla andra
Jag är bara mig själv
Döm inte mig
Mitt liv
Den jag är
Innan du gått
En hel mil
I mina små skor

Mina drömmar

Du får...

mitt hjärta att bulta
min kropp att skaka
mina tårar att rinna
min själ att sväva
mina tankar att snurra
mina känslor varma
min längtan starkare
efter dig

Du gör mig...

så varm
så glad
så kär
så lycklig
så het
så våt
så kåt
på dig

Jag längtar...

efter dig
efter närhet
efter ömhet
efter bekräftelse
efter kyss och smek
efter kärlek
efter hångel
efter sex
efter en flickvän
efter en tjej som du

Jag vill...

dela mitt liv med dig
vara med dig
kyssas med dig
kramas med dig
älska med dig
skratta med dig
gråta med dig
gräla med dig
sova med dig
vakna med dig
äta frukost med dig
resa med dig
laga mat med dig
äta med dig
slappa med dig

Jag vill att det ska
vara vi för evigt

Misstaget

Det sa bara klick
Det kändes så rätt
Det var så fint
Det blev en stöt
Efter mycket tvekan
Det slutade så bra

Det blev så fel
Det var så pinsamt
Det blev en miss
Jag var så dum
Hur ska jag kunna se
Dig i ögonen igen
Förlåt

Mötet

En lång, lång väntan
Så kom den speciella dagen
Vi skulle äntligen få mötas
Jag kom till den lilla platsen
Där såg jag dig sitta med din son
Jag blev nervös...
Jag började darra...

Du sätter dig och läser...

Efter en stund såg du mig
Du kände igen mig
Du sa mitt namn
Jag hoppar till...
Hade fått en order
Jag måste komma fram

Jag går med långsamma steg...
Mina ben skakade
Mina händer darrade
Jag stannade

Du vände dig om
Du kom emot mig
Inga ord
Bara hej!!!!
Du log
Jag log

Det blev en kärleksfull kram
En varm kram
En lång kram
En kram säger så mycket mer än tusen ord

Det blev så mycket kärlek

Mellan två individer
Som för första gången mötes
Vi känner ju inte varandra
Ändå så otroligt mycket kärlek
Ett sådant speciellt möte

Du signerade skivorna
Många hjärtan
Jag ger dig min lilla present
En födelsedagspresent
En gåva som jag gjort själv
Jag får ett stort leende
Du stryker min kind
Jag får en kram till
Sedan måste du gå

Folk väntar på dig
Jag går också
Många blandade känslor
Jag är lycklig
Jag är glad
Jag är varm
Jag är omskakad
För jag har just mött en ängel
Det var du!

När man är känd räknas man inte som människa

Många människor ser dig bara på ytan
Många människor ser bara den de tror att du är
Många människor tycker inte om det dom ser
Många människor vill inte se den du är
Många människor kan inte se den du är
Många människor förstår inte att det faktiskt finns en insida

Jag vill att människor ska se den du verkligen är
Jag hoppas att jag kan se den du är
Jag försöker i alla fall att se den du är
Jag ser en människa

Du är en helt vanlig människa av kött och blod
Du är en helt vanlig skör människa
En människa med känslor som vem som helst
Du kan gråta
Du kan skratta
Du kan skrika
Du kan bli sårad
Du kan bli irriterad
Du kan bli sur
Du kan bli arg
Du kan bli rädd
Alla känslor finns där hos dig också

Många människor tror
Att bara för att du är känd så är du inte mänsklig
Därför kan du behandlas precis hur som helst

Det känns som att många människor bara tycker
Du som är känd kan väl inte ta åt dig
Du som är känd kan väl inte må dåligt
Du som är känd har väl inga känslor
Du som är känd har väl inget behov av att vara ifred
Du som är känd behöver väl inget privatliv

Du som är känd ska väl tåla vad som helst
Du som är känd har väl inget liv
Du ska inte behöva behandlas som skit bara för att du är känd
Du ska inte behöva ta emot vad som helst bara för att du är känd

Jag önskar verkligen att människor kunde se den du är
Kunde behandla dig som den du är
Kunde tycka om dig som den du är
Kunde bry sig om dig som den du är
En riktig människa
Du är faktiskt en människa

Om du bara går

Om du bara går
Lämnar du djupa spår
När du ignorerar mig
Försvinner utan att höra av dig
Då gör inte jag något fel
Då är ansvaret bara din del
Det är du som har det svårt
Som tar någonting alldeles för hårt
Du missförstår en enkel sak
Ändå är jag ganska så rak
Att vara ärlig och uppriktig
Är bättre än att vara försiktig
Ett missförstånd uppstår så himla lätt
Det går att reda ut och göra rätt

Om du har problem med vem jag är
Så kan du inte kräva en massa begär
Problemet är då inte alls mitt
Utan enbart bara ditt
Jag har mina fel och brister
Varför ska de orsaka att jag dig mister?
Alla har vi olika sidor inom oss
Som vi ibland släpper ut och loss
Dessa sidor är en del av den jag är
Det kanske inte alltid dig klär
Men respekt och förståelse kan jag kräva
Djupare i dig kan du gräva

Jag är rent av bara mänsklig
Det kanske är du som är extra känslig?
Ingenting blir bättre av att du bara går
Visa i stället var du egentligen står
Att fly när det blir jobbigt
Är endast så snobbigt

Att våga ta steget fullt ut
Släpp loss lite extra krut
Vänner står inte och ljuger
En sådan relation bara suger
Var ärlig mot dig själv och andra
Vi måste ta hand om varandra

Orättvis

Har hittat min arbetsplats
På min praktik vill jag va
Där jag trivs och mår bra
Är glad och det är roligt
Jag får uppskattning och beröm
Klarar att jobba
Blir sedd
Det känns bra
Allt är perfekt
Ändå kan jag inte va kvar
Får inte anställning
Blir för dyr
Blir en arbetskraft för mycket

Detta är inte rättvist
Jag blir så arg
Vill inte sluta
Varför finns det regler?
Dumma korkade regler
Jag förstår inte
Det är inte klokt
Hur svårt kan det va?
Att ha lite medkänsla
Känna ett behov
Känna ett värde
Vilja hjälpa till
Göra ett undantag

Nej!
Det går inte för sig
Det finns inga alternativ
Man styrs av regler
Man nekar folk
Man säger nej
Det är verkligheten

Det är sanningen
Man bara trycker ner
Man bara sårar
Man förnedrar
Skapar osämja
Samhället är för enkelspårigt

Man ska bara se glad ut
Vara nöjd
Följa regler
Vara tacksam
Hålla käft
Göra som man blir tillsagd
Så får man kanske en gnutta respekt

Pappas flicka

Att vara pappas flicka är inget man blir
Det är något man är
Från att man föds
Jag var pappas flicka
De flesta små flickor avgudar sina pappor
Det gjorde även jag en gång
Jag älskade min pappa som barn
Jag tänkte på honom jämt
Jag längtade efter honom när han var borta

När han fanns där gjorde vi saker tillsammans
Vi busade ofta
Vi gick långa promenader
Vi var ute och cyklade
Vi åkte på bilturer
Vi åkte ut på sjön
Vi gick våra ö-rundor
Vi lekte ofta
Vi hade roligt
Vi skrattade
Vi grejade tillsammans
Jag hjälpte dig att mecka med bilen
Jag följde med dig och handlade
Jag gjorde allt för att få vara med dig

Men allt för ofta ...

Kom hoten
Skrek du åt mig
Skrämde du mig
Sa du åt mig att tiga
Gav du mig stryk
Fick jag skulden
Antydde du att jag inte dög
Skämdes du för mig

Gjorde du mig besviken
Fanns du inte där
Bestämde du för mycket
Gjorde du allting åt mig

Plötsligt var jag...

Endast en dum unge
En korkskalle
En stor idiot
Bara en ungjävel

Plötsligt så...

Begrep jag ingenting
Kunde jag ingenting
Visste jag ingenting
Förstod jag ingenting
Var jag helt värdelös

Plötsligt så...

Skulle jag enbart hålla käft
Hotade du mig eller så slog du bara
Skulle jag varken synas eller höras
Var jag ingenting för dig

Ofta bad du mig att dra åt helvete
Jag gjorde aldrig det
I stället kom jag alltid tillbaka
För att jag var pappas flicka
Idag har vi ingen kontakt
Du bröt med mig till slut
När jag släppte min bok
Boken som handlar om mitt liv
Jag är inte längre pappas flicka

Nu kommer jag aldrig mer tillbaka

Pengar gör dig inte rik

Har du alltid gott om pengar...
Kan du handla precis vad du vill...
Hur mycket du vill...
När du vill...
Var du vill...
Har du ett bra jobb...
Får du en fet lön varje månad...
Har du eget företag...
Investerar du i aktier...
Bor du i en lyxvilla...
Äger du en sportbil...
Reser du ofta...
Hur du vill...
När du vill...
Vart du vill...

Tycker du att du är rik
Leker livet med dig
Har du precis allt du behöver
Räcker det med att ha makt
Att kunna kontrollera
Att få styra och bestämma
Göra precis som du vill
Tycker du att pengar är allt
Det här är inte att vara rik

Rik är du...

Om du har föräldrar som älskar dig gränslöst
Som bekräftar dig hela tiden
Som alltid sätter dig i första hand
Som jämt ställer upp på dig
var, när och hur som helst

70

Rik är du...

Om du har syskon som älskar dig
Som bryr sig om dig
Som följer dig överallt
Som alltid ska härma dig
Som ser upp till dig och som alltid
är stolt över dig

Rik är du...

Om du har vänner som alltid finns där
Som accepterar dig precis som du är
Som alltid lyssnar
Som alltid hjälper till
Som du kan ringa oavsett tid på dygnet
Som aldrig lämnar dig ensam i sticket
Som är räddaren i nöden

Rik är du...

Om du har mor och farföräldrar som alltid
oroar sig för dig
Som jämt skämmer bort dig
Som uppskattar din närvaro
Som bryr sig lite för mycket ibland
Som alltid vill hjälpa till med det lilla de kan

Rik är du...

Om du har ett djur som alltid bekräftar dig
Som har valt just dig till sin människa
Som älskar dig vad du än gör och säger
Som alltid försöker lyssna och förstå dig
Som är tacksam för att du ger den mat
Som uppskattar när du kommer hem
Som alltid saknar dig när du är borta

Rik är du...

Om du får kärlek och värme varje dag
Om du alltid får respekt och uppskattning
Om du dagligen blir bekräftad och accepterad
Om du har en stor gemenskap
Om du får hjälp när du ber om det
Om du alltid blir trodd och tagen på allvar
Om folk ser och lyssnar på dig när du vill något
Om du alltid behandlas rättvist
Som du får beröm ofta för den du faktiskt är

Rik är du...

Om du kan älska dig själv
Om du kan acceptera dig själv
Om du kan tycka att du duger precis som du är
Om du kan berömma dig själv när du gjort något bra
Om du kan ge och älska andra utan att kräva något tillbaka
Om du kan känna empati kärlek värme och omtanke
Om du kan sträcka ut en hjälpande hand till någon som behöver det
Som du kan känna en stor lust till ditt eget liv

Då är du rik
Fullkomligt stenrik

Man behöver inga pengar för att skapa rikedomar

Rätten till att få vara den man är

Man har rätt till att vara precis som den man är
Alla ska få vara en i mängden
Man ska inte behöva låtsas vara någon man inte är
för att passa in
Tycka saker man inte tycker för att blir accepterad
Säga saker man inte menar för att få respekt
Känna saker man inte känner för att få vara en i mängden
Göra saker man inte vill för att inte bli nertryckt
Se ut som alla andra för att bli uppskattad
Agera på ett visst sätt för att inte sticka ut
Det är inget fel att vara annorlunda
Det är helt okej att vara precis som den man är
Ingen ska behöva välja ett liv i ensamhet för att de är sig själva
Ingen ska bli undertryckt
Ingen ska behöva känna sig utanför och att de inte passar in
Alla människor är lika värda

Skräck dikt

En dörr knarrar intensivt
Tunga fotsteg på andra sidan
Det börjar bli mörkt
Kyla tränger sig på
En skepnad närmar sig
Jag stelnar till
Gåshuden uppenbarar sig
Mina händer darrar
Jag håller på att svimma
Knäna viker sig
Jag andas tungt
Måste sätta mig ner
Det är tyst
Plötsligt öppnas dörren...
Jag ser en stor skugga
Den kommer närmare...
Nu vill jag skrika
Då hörs det ett litet ynkligt
Mjau!!!!

Slut

Det regnar och himlen är grå
Vi gick där båda två
Plötsligt föll du mot asfalten
Jag försöker hålla emot
Men är inte så stark
Jag fäller tårar
Det är slut

Slutet

Sakta men säkert tränger sig slutet på
Lite lätt panikångest jag börjar få
Önskar jag kunde tiden stoppa
Det kommande slutet hoppa
Men den stora sanningen är
Att snart är vi faktiskt där
Får tackla den smällen då
Hur det nu ska kunna gå
Många känslor och tårar kommer välla över
Men det är nog just vad jag behöver
För det är så mycket värdefullt som rycks från mig
Särskilt kommer jag att sakna just dig

Smärta

Det gör ont här
Det gör ont där
Det gör ont nu
Det gör ont sen
Det gör ont hela tiden
Ibland är det olidligt
Ibland står jag kanske ut
Smärtan finns omkring mig
Den följer med mig överallt
Varför lämnar du mig inte ifred?

Jag har ont
Min kropp skriker
Den gör inte som jag vill
Det blir bara kaos
Jag bryter snart ihop
Livet med smärta suger

Vill någon byta kropp
Bara för en dag
Så jag får vara smärtfri
Göra vad jag vill
Andas fritt och leva livet
Hur lever man utan smärta?

Det knakar och brakar
Knäpper och smäller
Samma sak varje morgon
Alltid denna smärta
När en ny dag gryr
Vill inte gå lägga mig
Varför måste man sova?

Jag kan inte sova
Jag vänder och vrider

Min kropp gör så ont
Måste ta värkmedicin

Trycksmärtan är värst
Hur ska jag ligga så det inte gör ont?

Jag har gått och stått hela dagen
Mina höfter har kreverat
Mina fötter har lagt av
Ryggen är inte så lite mör
Jag är så trött och slut
Varför fixar jag inte en hel dag?

Livet med daglig smärta
Är en ständig kamp
För att överleva en dag till

Har ju inget annat val
När jag ska klara av det jag vill
Att leva med ständig värk
Går inte att förstå
Om man inte lever i det själv
Man är aldrig helt ensam
Många lever precis som jag
Ett liv med ständig smärta

Smärtsamt

Nacken, axlarna och ryggen värker så
Fötterna gör ont när jag ska gå
Fingrarna är ömma även varje tå
Knäna smäller ofta till
Kroppen gör inte som jag vill
Jag är alltid stel som en pinne
sitter ofta hemma och inne
Smärtan bestämmer hur jag ska leva
Jag genom dagen alltid får treva
Jag blir så trött och på dåligt humör
När min kropp är alldeles mör
Livet är en ständig kamp
Då jag jämt går uppför en ramp
För att klara av det jag så gärna vill
Försöka överleva en dag till
Jag har inget annat val
När smärtan alltid är min rival

Smärtsam värk!

Det gör så ont
Det värker överallt
Fingrarna gör ont
Handlederna värker
Vristerna värker
Ryggen nacken och höfterna
Det gör så ont och jag är stel
Varje morgon vaknar jag alldeles för tidigt
Vet inte hur jag ska ligga
Måste tillslut gå upp
Gå upp för att röra på mig
Ibland ta en värktablett
Kanske somnar jag om en stund
Oftast inte
Tänk om jag kunde få sova ut
Vakna en endaste morgon utan att ha ont
Vilken lycka
Vilken dröm
En dröm som aldrig kommer bli sann
Jag har fått sjukdomen EDS
En bindvävssjukdom
En sjukdom som inte går att bota
Inte heller att behandla
Bara lindra
Lindra med värkmedicin
Om jag hittar något som hjälper
Lindra med speciell sorts träning
Kanske blir det bättre
Kanske inte
Jag får leva
Leva resten av livet
Med en smärta som aldrig försvinner

Spirande kärlek

Spirande kärlek
Sprudlande förälskelse
Puffar ut
En magisk kraft
Sprider sig okontrollerbart
Glädje
Lycka
Välmående
Sipprar försiktigt ut
I långsamma spiraler
Hjärtat slår
Tre hårda slag
Detta är kärlek
På riktigt
Som omringar hårt
Håller fast
Fångad igen
I ett järngrepp
Hur kommer man loss?

Tillit

Människor kommer människor går
Så fungerar det i livet
Men att släppa in någon
Öppna sig för andra
Det är svårt
Det är smärtsamt
Det är jobbigt
När jag gång på gång
Förlorar denna tillit
Jag sakta börjat skapa
Mellan olika människor
Ändå gör jag om
Samma misstag
Varenda gång
Med nya människor

När jag släpper in folk
I mitt liv
Blir jag så arg
Så himla ledsen
Extremt besviken
Saknaden blir stor
Ensamheten så stark
När någon går
När jag blir lämnad
Detta stora svek
Det gör så ont
Jag förstår sällan
Varför måste folk gå?
Snälla, stanna kvar
Försök att förstå
Ingenting blir bättre
Om du bara går

Tomhet

Vart jag än går
Ensamheten finns alltid där
Vart jag än ser
Finns du aldrig där
Ensam på min väg
Smärtan jag alltid bär
En tyngd i mitt hjärta
Tomheten så stor
Innerst från hjärtat
Jag önskar och ber
Att plötsligt en dag
Står du där och ler
Och vill finnas igen
Min allra bästa vän

Tre ord

Jag önskar att jag vågar viska tre ord i ditt öra
Tre ord som jag inte ens vet om du vill höra
För du kan inte lita full ut på mig
Att jag verkligen menar det jag säger till dig
Jag vill ge dig mitt hjärta i din hand
Men du ser det inte som ett sådant band
En snäll lillasyster jag så gärna får vara
Det tror jag faktiskt att jag kan klara
Men tro inte att jag på dig hela tiden ser ner
Det är inte bara en massa tomma ord jag ger
Jag har numera mina känslor till dig låst in
Den gyllene nyckeln till mitt hjärta är din
Om du en dag plötsligt skulle komma på
Att du är redo att ta emot kärleken min
Så är det bara att låsa upp och komma in

Trösten

Jag ser dig sitta i ett hörn och gråta
Jag vill men vågar inte gå fram
Jag ser att du vill att jag ska komma
Jag går lite närmare...
Nu sitter jag där och du gråter i min famn
Jag tröstar dig med några mjuka ord
Du blir glad
Jag blir glad
Nu skrattar vi båda två

URSÄKTA MIG

URSÄKTA ATT JAG HAR FUNKTIONSHINDER
URSÄKTA ATT JAG INTE KAN UPPFYLLA
ARBETSMARKNADENS KRAV
URSÄKTA ATT JAG INTE KAN JOBBA MED VAD SOM HELST
URSÄKTA ATT JAG BEHÖVER HJÄLP
URSÄKTA ATT JAG VILL HA RÄTTIGHETER
URSÄKTA ATT JAG HAR EN SAMBO SOM TJÄNAR PENGAR
URSÄKTA ATT JAG YTTRAR MIG
URSÄKTA ATT JAG FÖRSÖKER
URSÄKTA ATT JAG VILL HA RÄTTVISA
URSÄKTA ATT JAG ÄR EN MÄNNISKA
URSÄKTA ATT JAG HAR KÄNSLOR
URSÄKTA MIN SMÄRTA
URSÄKTA MIN FÖRTVIVLAN
URSÄKTA MIN ILSKA
URSÄKTA MIN GRÅT
URSÄKTA ATT JAG LEVER PÅ DENNA JORD
URSÄKTA ATT JAG EXISTERAR
URSÄKTA ATT JAG BARA VILL HA MITT LIV TILLBAKA
URSÄKTA SÅ JÄVLA MYCKET ATT JAG BLIVIT TILL BESVÄR
FÖR DET SVENSKA SAMHÄLLET

Vad var det som hände?

Du är plötsligt borta
Du finns inte mer
Vart tog du vägen?
Jag ser dig inte mer
Vad var det som hände?
Allt gick så fort
Jag förstår ingenting

Vart ska jag ta vägen nu?
Hur ska jag bete mig
Kan jag fortsätta leva
När du inte finns här mer
Jag tänker bara på dig
Du är så väldigt nära mig
Det gör så förbaskat ont
Nu är det bara så tomt

Det är så himla mycket
Jag skulle velat säga
Så många frågor jag har
Som kräver dina svar
Hur ska jag gå vidare
Jag kan inte glömma
Hur ska jag få veta
När du inte finns kvar

Smärtan i mig svider
Sorgen skaver
Mitt hjärta blöder
En stor tyngd jag bär
Mina stora tårar rinner
Saknaden är obeskrivlig
Du kommer inte tillbaka
Jag slutar aldrig dig sakna

Jag älskar dig så
Varför blev det så här
Du har alltid funnits där
Kan jag fortsätta leva
Ett värdigt liv utan dig
Kommer det sluta göra ont
Får jag må bra igen
Kan jag bli glad och skratta
Jag kommer aldrig fatta
Vad som hände dig
När du togs ifrån mig.

Vad är en relation?

Relationer kan göra ont
Det är hårt
Det är svårt
Det är jobbigt
Det är tungt
Det är känsligt
Det är skört
Det är komplicerat
Det är energikrävande
Det är läskigt
Det skapar oro
Det finns känslor
Det är invecklat
Det oroar
Det gör mig förtvivlad
Det gör mig ledsen

Samtidigt blir jag varm
Känner kärlek
Känner glädje
Känner ömhet
Känner omtänksamhet
Känner uppskattning
Känner tro
Känner hopp
Känner harmoni
Det finns en framtid
Det blir bättre
Vi fixar det
Om vi gör det tillsammans

Varför får jag inte plats?

Det gör så ont
Det känns så tungt
Du ser mig inte
Du svarar mig inte
Du verkar inte bry dig
Jag förstår ingenting
Varför får jag inte plats?

VARFÖR SLUTADE DU ALDRIG ATT RÖKA?

Mamma

Du rökte och du rökte
Tillslut blev du sjuk
Obotligt sjuk
Du fick en livslång diagnos
Men du slutade inte att röka

Du såg din egen mamma bli sämre
Sämre och sämre för varje dag
Mormor hade samma diagnos
Men du slutade inte att röka

Du såg mormor sakta tyna bort
Du satt hos mormor vid hennes dödsbädd
Du såg henne dra sitt sista andetag
Men du slutade inte att röka

Mamma du blev sakta sämre och sämre
Orkade mindre och mindre
Du blev sjukare och sjukare
Men du slutade inte att röka

Du åkte ut och in på sjukhuset flera gånger
Du var så nära att dö
Men du fick en andra chans
Nu hade du äntligen slutat att röka

Men det var alldeles försent
Du låg plötsligt själv på dödsbädden
Fanns inget mer läkarna kunde göra
Du släppte taget om allt och försvann

Du tog ditt liv mamma
Du valde döden
Döden före din fina son

Döden före din funktionshindrade dotter
Cigaretterna var viktigare än dina barn
Du svek mig mamma
Du lämnade mig ensam kvar
Hur kunde du?
Förstod du inte
Hur mycket jag behövde dig

Varför slutade du aldrig att röka?

Vi möts och vi skiljs åt

Vi möts och vi skiljs åt,
det gör vi hela livet
Att mötas är något som
kan vara både lärorikt,
spännande och inspirerande.

Det kan vara upplyftande
och kul eftersom det ger nya intryck.
Genom möten får vi ibland nya vänner,
kanske arbetskamrater eller klasskompisar.
Men möten leder oftast bara till
ytliga bekantskaper.
Att mötas är en viktig del
i människans utveckling,
både rent personligen
och tillsammans med andra.

Sedan skiljs vi åt också,
tyvärr alldeles för ofta.
Vi skiljs åt både av tvång
och av egen vilja.
Många gånger kan det vara tungt
och väldigt svårt,
att skiljas åt.
Ibland kan det vara skönt
om man gör det
för sitt eget bästa.
Att skiljas är också
en väldigt viktig
del i människans utveckling.

Varje gång vi möts
eller skiljs åt
lär vi oss något nytt,
som vi sedan kan ha nytta av
nästa gång vi ska mötas
eller skiljas åt.
Vi måste mötas
för att sedan kunna skiljas åt,
ibland måste vi även skiljas
för att kunna mötas.
Att mötas och skiljas hör liksom ihop.
Båda måste finnas
för att det ska fungera.
Vi måste skiljas och mötas
för att livet ska kunna gå vidare.

Vägen upp till dem vi älskar

Det här är trappan upp
Till alla dem vi älskar
Det här är vägen upp
till din morfar
till din farmor
till din pappa
till din vän
Till alla nära som du har förlorat

Det här är också vägen upp
till min mamma
till min mormor
till min morfar
till min farmor
till min farfar
till min katt
Till alla nära som jag har förlorat

Det här är vägen upp
till alla dem vi älskar
Det här är trappa upp
Förbered dig noga
Ta ett kliv
Ta två kliv
Ta tre kliv
Ta bara ett steg i taget
När du är redo
När din tid är inne
När det är dags för dig
Dags för dig att få möta alla igen
Alla dem som du har förlorat

Vänskap

Vänskap
Vad är det?
Hur gör man?
Vad betyder det?
Hur bär man sig åt?
Vad känner man?
Hur beter man sig?
Vad säger man?
Hur ska det se ut?
Vad tänker man?
Hur fungerar det?
Vad är rätt?
Vad är fel?

Vänskap är inte lätt
Inte på något sätt
Vad är tillåtet?
Hur känns det?
Vart går gränsen?
Hur gör man rätt? Vad är normalt?
Hur vet man?
Om det är rätt
Om det blir fel?
Vänskap
Vad är det?

Åldrandet

Jag har rynkor
Jag har dubbelhaka
Jag har påsar under ögonen
Jag har påsar ovanför ögonen
Jag har celluliter
Jag har bristningar
Jag har gäddhäng
Jag har valkar
Jag har bilringar
Jag har hängbröst
Jag har en stor rumpa
Jag är gråhårig
Jag är överviktig
Det dallrar lite här
Det dallrar lite där
Detta är faktiskt jag
Så här ser jag ut
Men jag är okej
Jag är fin
Jag är bra
Precis som jag är
Skönheten sitter inte på utsidan

Ängel

Alla behöver en liten ängel
En ängel som lyssnar
En ängel som ser
En ängel som bryr sig
En ängel som ger
En ängel som tröstar
En ängel som ber
En ängel som förstår
En ängel som ger svar
En ängel som ser hur jag mår
En ängel som stannar kvar
En ängel som tar min hand
En ängel som aldrig bryter
ett vänskapsband

Är det omöjliga möjligt

Att försöka prata direkt
Gör aldrig någonting perfekt
Försöka hitta ett sätt
Är inte alltid så lätt
Att jämt balansera på en våg
För att försöka komma ihåg
Det jag behöver få sagt
När jag det ifrån mig har lagt
Jag blir inte stolt som en tupp
När en massa saker poppar upp
Då känns det så himla klent
När det redan är försent
Vad ska jag göra då?
För att något bättre må
Med allt det viktiga för mig
Som jag inte kunna säga till dig
Vad ska jag ta mig till?
För att få fram det jag vill
Jag har inte om denna svårighet bett
Hur gör man så det känns rätt?
Varför känner jag mig så löjlig?
Vill ju bara göra det omöjliga möjligt
Men vet inte hur man ska göra?
Snälla berätta för mig
Jag vill så gärna höra

Önsketänkande

Jag vill dela mina tankar
Mina värderingar med dig
Jag vill dela mina upplevelser med dig
Jag vill dela min vardag med dig
Jag vill kramas med dig
Jag vill kyssas med dig
Jag vill älska med dig
Jag vill somna tätt intill dig
Jag vill vakna upp till en ny dag med dig
Jag vill gräla och bli sams igen med dig
Jag vill dela mina tårar med dig
jag vill dela mitt skratt med dig
Jag vill göra dig lycklig
Jag vill ge min kärlek till dig
Jag vill ha dig i mitt liv för evigt

Önskan

Jag vill möta din blick
Känna din doft
Krama dig hårt
Höra din röst
Som talar om
Att du älskar mig

Jag vill kyssa dina läppar
Hålla din hand
Ta på din kropp
Visa min värme
Viska i ditt öra
Hur mycket jag älskar dig

Tack

Jag vill börja med att tacka min dagliga verksamhet Frösunda Slussen -Ateljé för att jag fått utrymme till att göra denna diktbok. Tack för att jag fick börja på Slussen och för att jag fått ett eget rum där jag kunnat sitta i fred och jobba.

Så vill jag med hela mitt hjärta tacka fina Karin Holgersson för det helt fantastiska fotot jag fått låna till omslaget för denna bok. När jag bestämde mig för min titel till boken, så kändes din bild bara så himla rätt.

Jag vill passa på att tacka alla mina vänner på min dagliga verksamhet för att ni är så positiva till mig och allt det jag gör. Tack för att ni finns.

Sedan vill jag tacka min kontaktperson Linda för den fina hjälp och vägledning som du har gett. Tack för att jag fått bolla ideer och tankar med dig och tack för hjälpen med korrekturläsningen. Du har hjälpt mig mycket i mitt jobb med boken.

Så måste jag tacka min kära lillebror Robert som hjälpt mig att skapa det fina omslaget till boken. Det hade jag inte klarat av själv. Tack för att du finns. Jag älskar dig.

Jag måste också tacka min älskade sambo Jennie för dina goda råd och tips till boken. Utan dig hade det inte blivit någon bok. Tack för hjälpen med tryck beställningen på bokförlagets hemsida. Du betyder allt för mig.